Karl Oppel

Neues Vademecum latomorum

Karl Oppel

Neues Vademecum latomorum

ISBN/EAN: 9783743495739

Hergestellt in Europa, USA, Kanada, Australien, Japan

Cover: Foto ©ninafisch / pixelio.de

Manufactured and distributed by brebook publishing software (www.brebook.com)

Karl Oppel

Neues Vademecum latomorum

Neues
Vademecum latomorum.

Dem

sehrehrwürdigen Bruder

KARL PAUL,

zu seinem fünfundzwanzigjährigen Maurerjubiläum,

10. Juni 5872,

dargebracht von

Dr KARL OPPEL.

FRANKFURT A. M.
Druck & Verlag von Br∴ J. Werner, in Firma Werner & Winter.
1872.

I.
Die Werkstätten der Maurerei.
A.
Grosslogen.

N°.	Name und Orient.	Jahr der Constitution.	Zahl der Töchter-Logen.
	In Deutschland.		
1	Grosse National-Mutterloge zu den drei Weltkugeln. — Berlin	1744	168
2	Grosse Landesloge v. Deutschld. — Berlin	1770	102
3	Grosse Loge von Preussen, genannt Royal-York zur Freundschaft. — Berlin	1798	46
4	Grossloge von Hamburg. — Hamburg	1811	29
5	Grossloge zur Sonne. — Bayreuth	1811	15
6	Grosse Landesloge v. Sachsen. — Dresden	1811	18
7	Grossloge des Eklektischen Freimaurer-Bundes. — Frankfurt a. M.	1823	11
8	Grossloge des Freimaurer-Bundes: Zur Eintracht. — Darmstadt	1846	9
	In der Schweiz.		
9	Alpina. — Lausanne	1844	27
	In den Niederlanden.		
10	Groot Osten van het Koningryk der Nederlanden. — Haag	1756	66
11	Suprême Conseil maçonnique Chef d'Ordre dans le Grand-Duché de Luxembourg. — Luxemburg	1844	2

	In Belgien.			
12	Suprême Conseil de Belgique. — Brüssel	1817	17
13	Grand Orient de Belgique. — Brüssel	1833	60
	In Dänemark.		
14	Danske Store Landsloge. — Kopenhagen	1747	5
	In Schweden.		
15	Grosse Landesloge von Schweden. — Stockholm	1754	16
	In England.		
16	United Grand Lodge of free & accepted Masons of England. — London .	1747	1334
	In Schottland.		
17	Grand Lodge of the Ancient & Honourable Fraternity of free & accepted Masons of Scotland. — Edinburg . .	1736	504
	In Irland.		
18	Grand Lodge of free & accepted Masons of Irland. — Dublin . . .	1730	337
	In Ungarn.		
19	Grossloge von Ungarn für die drei Johannisgrade. — Pest . . .	1870	14
	In Frankreich.		
20	Grand-Orient de France. — Paris .	1772	321
21	Suprême Conseil de France. — Paris .	1804	50
	In Italien.		
22	Grande Oriente della Massoneria in Italia. — Florenz	1864	150
	In Portugal.		
23	Grande Oriente Lusitano unito. — Lissabon	1869	57
	In Spanien.		
24	Grand Orient National d'Espagne. — Madrid	?	?
25	Gran Logia de España. — Madrid .	?	?
	In Griechenland.		
26	Grossloge von Griechenland. — Athen.	1867	12

In den Vereinigten Staaten von Nordamerika
(Alphabetisch geordnet).

Grossloge, Grand Lodge, von

27	Alabama. — Montgomery . . .	1821	144
28	Arkansas. — Little Rock . . .	1832	234
29	California. — San Francisco . .	1850	175
30	do. National Grand Lodge. — San Francisco	?	?
31	Colorado. — Central-City . . .	1861	15
32	Columbia. — Washington . . .	1800	19
33	do. National Grand Lodge. — Washington	?	?
34	Connecticut. — New-Haven . .	1789	94
35	Delaware. — Wilmington . . .	1806	18
36	do. Hiram Grand Lodge. — Wilmington	?	9
37	do. Harmony, National Grand Lodge. — Wilmington . .	?	?
38	Florida. — Tallahassee . . .	1830	54
39	Georgia. — Macon	1787	268
40	Idaho. — Idaho City . . .	1867	8
41	Illinois. — Chicago	1840	650
42	do. National Grand Lodge. — Jacksonville	?	9
43	Indiana. — Indianapolis . . .	1818	419
44	Jowa. — Jowa-City	1844	281
45	Kansas. — Leawenworth . . .	1856	93
46	Kansas und Indiana, National Grand Lodge. — Leawenworth . .	?	15
47	Kentucky. — Louisville . . .	1800	481
48	do. National Grand Lodge. — Louisville	1866	?
49	Louisana. — New-Orleans . .	1812	145

50	Louisana, National Grand Lodge. — New-Orleans	?	?
51	Maine. — Portland	1820	154
52	Maryland. — Baltimore	1783	76
53	do. First coloured Grand Lodge. — Baltimore	?	6
54	Maryland, Union Grand Lodge. — Baltimore	?	?
55	Massachusetts. — Boston	1733	183
56	do. Princ Hall Grand Lodge. — Boston	1775	9
57	Michigan. — Detroit	1826	288
58	Minnesota. — St. Paul	1853	87
59	Mississippi. — Jackson	1818	184
60	Missouri. — St. Louis	1821	368
61	Montana. — Virginia-City	1866	14
62	Nebraska. — Plottsmouth	1857	48
63	Nevada. — Virginia-City	1865	14
64	New-Hampshire. — Concord	1789	71
65	New-Jersey. — Trenton	1786	118
66	do. National Grand Lodge. — Trenton	?	?
67	New-York. — New-York	1782	706
68	do. Vereinigte Grossloge farbiger Maurer. — New-York	?	10
69	North-Carolina. — Raleigh	1771	220
70	Ohio. — Cleveland	1808	263
71	do. National Grand Lodge. — Cleveland	?	?
72	Oregon. — Portland	1850	45
73	Pennsylvania. — Philadelphia	1764	310
74	do. Coloured Grand Lodge	?	39
75	Rhode Island. — Providence	1791	24
76	South-Carolina. — Charleston	1787	32

77	Tennessee. — Nashville	. . .	1794	307
78	Texas. — Houston	. . .	1837	252
79	Vermont. — Burlington	. . .	1794	91
80	Virginia. — Richmond	. . .	1777	190
81	do. Coloured Grand Lodge. - Norfolk		1866	?
82	Washington. — Olympia	. . .	1858	12
83	West-Virginia. — Wheeling	. .	1866	36
84	Wisconsin. — Milwaukee	. . .	1843	157

Im britischen Nord-Amerika.
Grand Lodge von

85	Canada. — Ontario	. . .	1856	185
86	Nova Scotia. — Halifax	. . .	1866	17
87	New-Brunswick. — St. John	. .	1867	24
88	Quebec. — Montreal	. . .	1869	29
89	British Columbia. — Victoria	. .	1871	4

In Mexico.

90	Grande Oriente von Mexico. — Mexico		1825	12

In Westindien.

91	Grande Oriente von Cuba. — Santiago de Cuba	. . . . .	?	7
92	Grande Oriente nacional da le Republica Dominicana. — San Domingo	.	?	6
93	Grande Oriente v. Haiti. — Port-au-Prince		1823	18

In Südamerika.
Grande Oriente von

94	Argentina. — Buenos Ayres	. .	1858	12
95	Brasilien, Valle do Lavradio. — Rio	.	1821	56
96	do. Valle dos Benedictinos. — Rio		1863	48
97	Chili. — Valparaiso	. . .	1862	4
98	Columbia. — Santa Fe de Bogota	.	?	?
99	do. Grande Oriente von Neu-Granada. — Cartagena	. . .	1827	224

100	Peru. — Lima	. . . .	1831	10
101	Uruguay. — Montevideo	. . .	1859	17
102	Venezuela. — Caracas	. . .	?	40
	In Afrika.			
103	Grossloge (Grand Lodge) von Liberia. — Monrovia	. . . . .	?	?

Andere Grosslogen existiren, soviel uns bekannt, nicht; doch haben die verschiedenen Provinzial-Grosslogen in Australien, Ostindien und dem Capland schon Versuche gemacht, sich von der grossen Mutterloge in London zu trennen und vollständig unabhängig zu werden. Ohne Zweifel wird ihnen dies auch gelingen.

Die **National-Grosslogen** in den Vereinigten Staaten von Nordamerika nehmen „Farbige" in ihre Bauhütten auf und sind meist speciell hierzu gegründet, da die meisten älteren Logen den Negern Aufnahme und Zulassung versagten.

B.

In Deutschland befinden sich Logen in folgenden Städten:

Aachen	Burg	Emden
Altenburg	Calbe	Emmerich
Altona	Celle	Erfurt
Alzey	Charlottenburg	Erlangen
Anclam	Chemnitz	Essen
Annaberg	Clausthal	Flensburg
Arnswalde	Cleve	Frankenthal
Arolsen	Coblenz	Frankfurt a. M. . 6
Aschersleben	Coburg	Frankfurt a. d. O.
Barmen	Cöln	Freiberg
Bautzen	Cöslin	Freiburg i. Br.
Bayreuth	Colberg	Freienwalde
Boeskow	Conitz	Friedberg
Berlin 16	Constanz	Fürth
Bernburg	Cottbus	Gera
Bielefeld	Crefeld	Giessen
Bingen	Cüstrin	Gladbach
Birkenfeld	Culm	Glatz
Bochum	Danzig 2	Glauchau
Boitzenburg	Darmstadt	Gleiwitz
Bonn	Demnin	Glogau
Brandenburg	Detmold	Glückstadt
Braunsberg	Dortmund	Gnesen
Braunschweig	Dresden . . . 3	Goldapp
Bremen	Düsseldorf	Goldberg
Bremerhafen	Duisburg	Görlitz
Breslau 3	Eilenburg	Goslar
Brieg	Einbeck	Gotha
Bromberg	Eisenach	Göttingen
Bückeburg	Eisleben	Graudenz
Bützow	Elberfeld	Greiffenhagen
Bunzlau	Elbing	Greifswald

Greiz	Landsberg	Nürnberg . . . 2
Grimma	Langensalza	Oberstein
Grünberg	Laubau	Oels
Guben	Lauenburg in Pommern	Offenbach
Gumbinnen	Leer	Oldenburg
Güstrow	Leipzig 3	Oppeln
Hagen	Lignitz	Osnabrück
Halberstadt	Lingen	Parchim
Hall	Löwenberg	Pasewalk
Halle	Luckau	Perleberg
Hamburg . . 13	Ludwigsburg	Pforzheim
Hameln	Lübben	Plauen
Hamm	Lübeck . . . 2	Posen
Hanau	Lüneburg	Potzdam
Hannover . . . 3	Magdeburg . . 2	Prenzlau
Harburg	Mainz	Putbus
Havelberg	Mannheim	Quedlinburg
Heidelberg	Marburg	Rastenburg
Heilbronn	Marienburg	Rathenow
Heiligenstadt	Marienwerder	Ratibor
Helmstedt	Meiningen	Rawicz
Hildburghausen	Meissen	Reichenbach
Hildesheim . . 2	Memel	Rendsburg
Hirschberg	Merseburg	Rostock . . . 2
Hof	Meseritz	Rudolstadt
Jauer	Minden	Saarbrücken
Insterburg	Mühlhausen in Thüringen	Sagan
Iserlohn	Mühlheim a. d. R.	Salzwedel
Iülich	Münchenbernsdorf	Sangershausen
Kaiserslautern	Münden	Schleswig
Karlsruhe	Münster	Schmiedeberg
Kassel	Naumburg	Schneeberg
Kattowitz	Neisse . . . 2	Schneidemühl
Kiel	Neu-Brandenburg	Schwedt
Königsberg . . 3	Neu-Ruppin	Schweidnitz . . 2
Königsberg i. d. Neumark	Neustadt-Eberswalde	Schweinfurth
Kreuznach	Neu-Stettin	Schwelm
Krotoschin	Neu-Strelitz	Schwerin
Lahr	Nienburg	Siegen
Landshut	Nordhausen	Soest

Soldin	Tarnowitz	Wiesbaden
Solingen	Thorn	Wismar . . . 2
Sorau	Tilsit	Wittenberg
Spandau	Torgau	Wittstock
Sprottau	Treptow	Wolfenbüttel
Stade	Trier	Welmirstedt
Stargard in Pommern	Uckermünde	Worms
Stargard, preussisch	Uelzen	Wriezen
Stendal	Ulm	Würzburg
Stettin 2	Verden	Wurzen
Stolp	Waldenburg	Zeitz
Stralsund	Weimar	Zerbst
Striegen	Weissenfels	Zielenzig
Stuttgart . . . 2	Wesel	Zittau
Swinemünde	Wetzlar	Zwickau

Ausserdem bestehen in Deutschland ungefähr 70 maurerische Kränzchen; genau lässt sich die Zahl derselben nicht angeben, da ihrer, namentlich in Oesterreich, alljährlich neue entstehen; wirkliche Logen, d. h. constituirte, gibt es aber in Oesterreich nicht, da das dortige Vereinsgesetz der Polizei gestattet, **jede** Versammlung, auch wenn sie keine politische ist, durch einen Beamten überwachen zu lassen.

Im Elsass und in Deutsch-Lothringen sind noch Logen in

Colmar	Mühlhausen . . 2	Saargemünd
Metz	St. Marie aux Mines	Strassburg

so dass Deutschland gegenwärtig 321 gerechte und vollkommene Logen in 267 verschiedenen Orienten zählt. Die zuletzt genannten sieben Werkstätten sind aufgefordert worden, „ungesäumt die Verbindung mit dem Grand Orient de France zu lösen und sich einer deutschen Gross-Loge anzuschliessen."

Die Zahl sämmtlicher Logen auf dem ganzen Erdenrunde beträgt ziemlich genau 12,000; in jeder einiger Massen bedeutenden Stadt ist, wenn sich Engländer, Franzosen, Deutsche, oder Amerikaner in grösserer Zahl daselbst aufhalten, auch eine Loge, oder — wenn der Staat eine solche Vereinigung nicht gestattet, — doch ein maurerisches Kränzchen. Selbst in Städten, die noch ausserhalb des grossen Weltverkehrs liegen, wie z. B. Bukarescht, sind Logen.

Deutsche Bauhütten sind auch in London, Mailand und Constantinopel u. s. w., in der nordamerikanischen Union allein 76; selbst in Sydney ist eine.

Die drei preussischen Grosslogen, die darmstädter, die schwedische und die dänische Grossloge mit ihren 346 Töchterlogen gestatten keinem Nichtchristen Aufnahme; die übrigen 11,650 Werkstätten der K∴ K∴ ignoriren — wie das politische, so auch — das religiöse Glaubensbekenntniss, und die Grossloge Royal-York hat ganz neuerdings beschlossen, dass das jüdische Glaubensbekenntniss vom 1. Juli d. J. an kein Hinderniss der Zulassung mehr sein soll.

Was die **Zahl der Maurer selbst** anbetrifft, so ist diese bis jetzt noch schwer zu bestimmen; unter den ganz jungen Bauhütten sind solche, die nur 15, 20, oder 25 Mitglieder haben; andere zählen deren 300, 350, ja 400; nähmen wir als Durchschnittszahl 80 bis 85 an, so würde das eine Gesammtsumme von einer Million geben.

II.

Der Tempel Salomo's.

A.

Geschichte.

Auf dem Berge Morija, wo die Stiftshütte stand, wollte König David ein Nationalheiligthum seines Volkes erbauen lassen; denn es deuchte ihm unwürdig, dass er selbst in einem prächtigen, mit äusserstem Luxus ausgestatteten Palaste wohnte, während die Lade des Herrn nur in einem weit bescheideneren Holzgebäude stand. Er theilte diesen Plan dem Propheten Nathan mit, fand bei diesem den lebhaftesten Beifall, und Nathan versicherte, das sei ein dem Herrn so wohlgefälliges Werk, dass der höchste Segen dazu nicht fehlen könne. Allein schon in der nächsten Nacht erschien Gott dem Propheten und sprach: „Wohl erkenne ich des Königs frommen Vorsatz an und bin zufrieden mit meinem Knechte; Niemand hat bis jetzt noch daran gedacht, mir einen Tempel zu erbauen. Aber David ist nicht würdig, mir ein Haus zu gründen, denn seine Hände sind befleckt mit dem Blute seiner Feinde, und sein Thun ist eitel Krieg. Aber ich will ihm verleihen ein langes Leben und will das Reich geben seinem Sohne, und der soll mir bauen das Haus, in dem ich wohnen will." — Als das Nathan dem Könige sagte, gab dieser seinen Plan auf, und so kam es, dass erst Davids Nachfolger den Tempel aufrichtete.

König Salomo begann mit dem Baue im 4. Jahre

seiner Regierung und vollendete ihn in 7 Jahren, also etwa im Jahre 1004 vor Chr. Geb. So stand der Tempel ungefähr 420 Jahre. Unterdessen wurde das Land von den Babyloniern erobert, und der jeweilige König der Juden war von da an nur noch Statthalter des fremden Königs, musste diesem den Eid der Treue leisten und in seinem Namen regieren, bis endlich **Zedekias** (Zidkijahu) sich entschloss, dieses Joch zu zerbrechen und seinem Volke die Freiheit und Selbstständigkeit wiederzugeben. Er verkündete Judäas Unabhängigkeit und rief sein Volk zu den Waffen. Da zog im Jahr 587 der gewaltige Nebukadnezar heran, verwüstete die Felder, zerstörte die Städte und rückte endlich vor Jerusalem, das er enge einschloss und auf's Aergste bedrängte. Die Juden thaten Wunder der Tapferkeit, — ein volles Jahr verstrich, und der Babylonier lag noch immer mit seinen Hunderttausenden vor der Stadt, — da gingen bei den Belagerten die Lebensmittel zur Neige, Hunger trat ein, und mit ihm hielten entsetzliche Seuchen ihren Einzug in die geängstete Stadt, — nach einem Monate brach die Pest aus. Nun zogen die Halbverhungerten hinaus, warfen sich dem Grossherrn zu Füssen und baten um Brod. Zedekias und seine Tapfern standen fest und trotzten 18 volle Monate lang dem Anstürmen des Feindes. Endlich konnten sie die Anstrengungen nicht mehr aushalten; in einer finstern Nacht erstiegen die Babylonier die Mauern, und das Werk der Zerstörung begann.

Zedekias und seine Helden warfen sich in den Tempel und vertheidigten diesen noch mit äusserster Kraftanstrengung. Endlich stand die ganze Stadt in Flammen, und der König floh während der Dunkelheit der Nacht mit seiner Familie und dem Reste seiner Getreuen. Aber dem Könige Nebukadnezar wurde diese Flucht verrathen; er schickte seine Reiter aus, und Zedekias wurde in einem engen Thale bei Jericho ergriffen. Zuerst wurden vor seinen

Augen alle seine Begleiter hingerichtet, dann wurden ihm selbst die Augen ausgestochen, und mit eisernen Ketten gefesselt wurde er nach Babylon gebracht, wo er im Gefängnisse elendiglich starb. — Damals wurde der Tempel Salomo's von Grund aus zerstört, dass auch nichts davon übrig blieb; die Bundeslade verbrannte, andere Heiligthümer wurden als Siegesbeute in die Hauptstadt am Euphrat gebracht. **Gedalja** wurde als Statthalter eingesetzt; ein neuer Tempel durfte aber nicht gebaut werden, weil er abermals eine Zufluchtsstätte Abtrünniger, eine Zitadelle für die Belagerten hätte sein können; Nebukadnezar führte, (wie das schon viermal vorher geschehen war und späterhin noch einmal geschah), einen Theil der Juden nach Babylonien und liess sie dort, wo sie ihm nicht gefährlich waren, Wohnsitze nehmen.

Als **Cyrus** sein grosses Perserreich errichtet hatte, gestattete er im Jahre 536 den Juden, in ihre Heimath zurückzukehren. An der Ausziehenden Spitze stellte sich **Serubabel (Zorobabel)**, und diesem gab Cyrus auch die geraubten Tempelschätze zurück und erlaubte ihm, einen neuen jüdischen Tempel in Jerusalem zu bauen. Die in Palästina verbliebenen Juden, die sich unterdessen mit den eingewanderten Assyrern und Babyloniern vermischt hatten, — die Samariter — begrüssten den Tempelbau mit Freuden und erboten sich zur thätigsten Hülfe und kräftigsten Unterstützung. Allein Serubabel wies sie ab; sie seien keine reinen Juden mehr, und nur den zurückkehrenden habe Cyrus den Tempelbau gestattet.

Serubabel legte den Grund zu einem neuen Tempel; allein das Werk wollte nicht vorwärts rücken, da die gekränkten Samariter ihm alle erdenklichen Hindernisse in den Weg legten, und auf ihr Verwenden am persischen Hofe der Bau endlich ganz sistirt wurde. Erst unter dem folgenden Könige, **Darius**, wurde die Arbeit i. J. 520

wieder aufgenommen und in einem Zeitraume von 5 Jahren
zu Ende geführt. Die Samariter bauten sich einen eigenen
Tempel auf dem Berge Garizim bei Sichem.

Der **Serubabel'sche Tempel** war zwar, was das
eigentliche Gebäude anbelangt, grösser, höher, als der
Salomonische, man hatte noch ein Stockwerk zu Priester-
wohnungen aufgesetzt, aber er war lange nicht so kostbar
und prachtvoll wie jenes Bauwerk des reichen Königs Salomo.
Nach und nach wurden jedoch so viele Weihgeschenke in
dem Tempel niedergelegt, sammelte sich eine so grosse
Masse von Kostbarkeiten daselbst an, dass die Habgier
des syrischen Königs, **Antiochos** IV, dadurch gereizt wurde;
und als sich einstens in Jerusalem das Gerücht verbreitete,
Antiochos sei gestorben, und die Juden ob des vermeint-
lichen Todes ihres Drängers in lauten Jubel ausbrachen,
schickte der Todtgeglaubte im Jahre 169 einen Feldherrn
mit entsprechendem Heere hin, liess die Juden sehr hart
behandeln, ihren Tempel vollständig ausplündern und griechische Götterbilder darin aufstellen.

Palästina war nach dem Tode des letzten Perser-
königs an Alexander, den Grossen, von Macedonien gefallen,
und nachdem dieser gestorben war, von dessen Feldherrn
Seleukos erobert worden; so war es unter die Herrschaft
des stolzen, verschwenderischen und lasterhaften **Antiochos**
gekommen, der sich in seinem Uebermuthe **Theos Epi-
phanes, der sichtbare Gott,** nannte. Nicht genug, dass
er eine Statue des Zeus in den jüdischen Tempel stellte, er
liess auch seine **eigene Bildsäule** überall im Lande aufrichten und verlangte göttliche Verehrung für sie. Da
entstand ein allgemeiner Aufruhr; der Hohepriester **Mat-
tathias** stellte sich an die Spitze des empörten Volkes,
nach ihm wurde sein grosser Sohn **Judas** der Anführer der
Freiheitskämpfer, zwei syrische Heere wurden geschlagen,
Jerusalem ward erobert, der Tempel gereinigt, mit einer

starken Befestigung umgeben und der reine Jehova-Dienst wiederhergestellt. Das geschah im Jahre 165.

Aber immer neue Heere zogen heran; Judas starb den Heldentod in einem Verzweiflungskampfe, den er mit 800 Mann gegen 22,000 Syrer focht; doch seine Brüder nahmen das Werk auf und vollendeten die Befreiung Jsraels. Das dankbare Volk gab dem grossen Judas den Ehrennamen **Makkabi,** der Hammer, und rief seinen Bruder **Simon** zum Könige aus.

Das Land war frei und selbstständig unter eingeborenen Königen, bis Uneinigkeit in der Regentenfamilie selbst entstand, und der römische Triumvir **Pompejus** zur Schlichtung des Streites herbeigerufen wurde. Pompejus erschien, eroberte das Land, und von da an war es römische Provinz.

Bei dieser Eroberung hatten sich die gegen Rom feindlich Gesinnten wieder in den Tempel zurückgezogen; Pompejus musste diesen beinahe ein Vierteljahr lang belagern, liess Bastionen und Wälle aufführen, Belagerungsmaschinen aus Tyrus kommen, überschüttete den Tempelhof mit einem Hagel von Pfeilen und Wurfgeschossen und benutzte namentlich die Sabbathe, da die Juden sich zwar ihrer Haut wehren, aber kein anderes Werk verrichten, also auch nicht die Belagerungsarbeiten stören durften, der Mauer mit festen Stellungen und Belagerungsthürmen näher zu rücken. Bei der Erstürmung selbst fanden wieder 12,000 Juden den Tod.

Am andern Tage liess Pompejus den Tempel reinigen, den Opferdienst wieder einrichten, ernannte aus der Parthei, die ihn zu Hülfe gerufen, einen neuen Oberpriester, — aber die grosse Mauer der Makkabäer ward niedergerissen, und ein strenges Verbot wurde erlassen, sie je wieder aufzubauen.

Das geschah im Jahre 63 vor Christi Geburt.

Allein die Partheikämpfe hatten kein Ende, und so kam, ehe 10 Jahre vergangen waren, der römische Statthalter in Syrien, Licinius **Crassus**, nach Jerusalem und **plünderte** den **Tempel** vollständig aus. **Julius Cäsar** aber ernannte einen andern Statthalter und erlaubte dem jüdischen Oberpriester, die Mauer der Makkabäer wieder herzustellen, was natürlich von den Juden mit dem grössten Eifer sogleich ausgeführt wurde.

Doch das Land sollte nicht zur Ruhe kommen. Eine Parthei rief den Parterkönig **Pakorus** in's Land und versprach ihm 1000 Talente Gold und 500 Frauen, wenn er in Jerusalem einrücke und den Oberpriester **Hyrkan** und seine Familie stürze. Die Parther kamen, verwüsteten das Land, zerstörten Städte und Dörfer, zogen in Jerusalem ein, plünderten Stadt und Tempel und stürzten Hyrkan und die Seinen. Da eilte **Herodes**, der Sohn des römischen Statthalters **Antipater**, nach Rom, liess sich dort im Jahre 39 vor Christi Geburt von **Antonius** und **Octavianus** zum **Könige von Judäa** ernennen und kehrte mit Heeresmacht nach Palästina zurück, sich sein Königreich nun zu erobern.

Drei Jahre dauerte der blutige Kampf, bis Herodes mit 30,000 Mann vor Jerusalems Mauern anlangte. Die Parter waren abgezogen, aber die jetzt am Ruder stehende Parthei vertheidigte sich mit heldenmüthiger Hartnäckigkeit. Da zeigte sich, dass die Juden zwar an Kriegserfahrung, nicht aber an Muth und Tapferkeit den gepriesenen Römern nachstanden. Und als endlich im Jahre 36 die Stadt eingenommen war, wurden ohne Barmherzigkeit fast alle ihre Bewohner niedergemetzelt, Männer und Weiber, Greise und Kinder; in den Strassen und im Tempel floss das Blut.

Herodes war ein überaus baulustiger König; er errichtete allerwärts Tempel, Paläste und Prachtbauten aller

Art; stellte Denkmäler auf, legte Strassen an, erweiterte verschiedene Städte, ja, er bauete ganz neue auf. Bald zog auch der grosse Tempel sein Augenmerk auf sich, und nachdem Herodes 1,000 Wagen für den Transport der Baumaterialien angeschafft und 10,000 erfahrene Werkleute angeworben hatte, riss er den alten — serubabelschen — Tempel nieder und bauete ihn ganz neu in griechischem Style auf. Nur das Heilige und Allerheiligste scheint er nicht vollkommen abgerissen, sondern blos theilweise erneuert und umgestaltet zu haben, — er wollte den Opferkultus nicht unterbrechen, um die Juden nicht zur Unzufriedenheit zu reizen. Im Jahre 16 vor Christi Geburt wurde mit der Arbeit begonnen, und in acht Jahren war sie der Hauptsache nach vollendet, obwohl auch des Herodes Nachfolger noch Einzelnes ausführten.

Der Tempel also, in welchen Jesus eintrat, war nicht der salomonische, sondern bereits der dritte, der herodianische; doch stand er an Pracht dem salomonischen nicht nach, an Grösse aber übertraf er ihn.

Als Herodes gestorben war, wollte sich im Jahre 3 nach Christi Geburt der römische Legat Sabinus der Schätze des verstorbenen Königs bemächtigen; da erregten die Juden einen Aufstand, und es kam abermals zum Strassenkampfe in Jerusalem. Das Volk zog sich in den Tempel zurück und vertheidigte sich da, bis dieser gestürmt wurde. Bei dieser Gelegenheit ging ein Theil des Prachtgebäudes in Flammen auf, und der Gottesschatz wurde geplündert.

Nun setzte sich Sabinus mit seinen Cohorten selbst in dem Tempel fest; allein es zogen viele Tausende vom Lande her in die Hauptstadt, umzingelten den Tempel, belagerten die Römer und hielten sie gefangen. Endlich rückte der Statthalter von Syrien, der bekannte Varus, mit einem Heere vor, entsetzte den hart bedrängten Sabinus und liess 2,000 Juden kreuzigen.

Die Bedrängniss nahm kein Ende. Die römischen Statthalter erlaubten sich die grössten Bedrückungen; gränzenlose Habgier und unmenschliche Grausamkeit regierten in Jerusalem. Zuletzt trieb der Landpfleger **Florus** das Volk geradezu durch Raubsucht, Blutdurst und Verhöhnung zum Aufstande, und nun konnte er seiner Lust Befriedigung gewähren: wie ein Würgengel zog er im ganzen Lande umher, Tod und Verderben bringend; Schrecken und Grauen gingen vor ihm her. Bei den Kämpfen in Jerusalem diente immer der Tempel wieder als Stützpunkt und Citadelle, und nach Bedürfniss wurde ein Theil eingerissen, oder angebaut.

So verging ein ganzes Jahr in abwechselnden Versuchen, durch Unterwürfigkeit und Fügsamkeit die Römer zu besänftigen, dann wieder durch äusserste Kraftanstrengung und opferwilligsten Heldensinn sie aus dem Lande zu jagen. Da erschien auf Befehl des Kaisers Nero im Jahre 66 nach Christi Geburt der Feldherr **Vespasianus** mit seinem Sohne **Titus** und einem ausgesuchten Heere von 60,000 Mann, um die Empörung ein für alle Male niederzuschlagen und den Juden für immer die Lust zur Rebellion auszutreiben.

Und wie wurde der Plan ausgeführt! **Gabara** ward den Flammen preisgegeben, seine Bewohner wurden niedergemetzelt; **Jotapata** musste anderthalb Monate belagert werden, dann kam es durch Verrath in die Hände der Römer, und 40,000 Juden büssten dabei das Leben ein; nach mörderischem Kampfe wurde **Tarichea** eingenommen, von den 38,000 Gefangenen verkaufte der römische Feldherr 30,400 als Sklaven, 6000 schickte er zu Nero, 1,200 liess er schlachten; die Felsenfestung **Gamala** widerstand ihm lange, — auch sie musste endlich fallen, und mehr denn 5,000 Menschen verloren dabei das Leben; bei **Gischala** wurden 6,000 Flüchtige von den römischen Reitern niedergehauen. Als mehr denn 30,000 Landleute Rettung in dem festen **Jericho** suchen wollten, aber nicht über den von Regengüssen angeschwollenen Jordan gelangen konnten, wurden sie von den Feinden eingeholt, 15,000 wurden getödtet, eine noch grössere Zahl stürzte sich verzweiflungsvoll in die Fluthen und fand da ihren Tod.

In der Hauptstadt tobte der Bürgerkrieg; bald herrschte diese, bald jene Parthei, Strassen und Plätze wurden mit Blut getränkt, der Tempel war stets der Mittelpunkt des erbittertsten Kampfes. Nun zog Vespasian heran, die Hauptstadt zu berennen. Er begann damit, dass er die ganze Umgegend verwüstete, um den Juden das Herbeischaffen von Lebensmitteln unmöglich zu machen. Plötzlich traf da die Nachricht von Rom ein, der Imperator sei gestorben, und die Legionen hätten **Vitellius** zum Kaiser ausgerufen. Das empörte Vespasians Truppen. „Wer hat ihnen das Recht gegeben," sagten sie, „für sich allein einen Imperator zu ernennen? Wohlan! haben sie nach ihrem Willen gehandelt, so handeln wir nach dem unseren und rufen unseren Feldherrn zum Cäsar aus!" Und so geschah es. Vespasian reiste ab, des Vitellius Heer wurde geschlagen, ging zum Feinde über, der arme verlassene Kaiser floh nach Rom, wo er ermordet wurde, und **Vespasianus** wurde nun auch von dem römischen Senate als Imperator proklamirt.

Durch diesen Zwischenfall war das Vorgehen gegen Jerusalem unterbrochen worden. Eine neue Parthei hatte sich dort gebildet und führte eine Schreckensregierung; sie hatte den Tempel besetzt, die Gegner lagerten sich davor, und Monate lang, wogte hier der Kampf Tag für Tag. Auf Hügeln von Todten standen die Kämpfenden; im Vorhofe des Tempels hatte sich ein See von Blut gebildet.

Endlich erschien **Titus**, Vespasians Sohn, nachdem er seinen Vater bis ans Meer begleitet hatte, mit dem römischen Heere vor der Stadt. Da vereinigten sich die

Gegner innen, machten gemeinsam Ausfälle und fügten den Feinden ausserordentlichen Schaden zu. Die Römer füllten nach und nach die Thäler und Schluchten um die Stadtmauern aus, baueten drei 75 Fuss hohe Belagerungsthürme, Mauerbrecher und andere Kriegsmaschinen; aber die Juden brachen aus der Stadt hervor, zündeten die Maschinen an, hieben ihre Bedeckung nieder und verhöhnten die Feinde. So ging es Tag für Tag, die Juden wurden nicht müde, — aber die Römer auch nicht.

Titus liess allen Schaden ausbessern, neue Sturmböcke bauen, und endlich wankte die Mauer und stürzte zum Theil ein; die durch Nachtwachen und steten Kampf erschöpften Juden zogen sich hinter die zweite Mauer zurück, die Römer drangen am 17. Mai des Jahres 70 ein und zerstörten die nördlichen Theile der Stadt. Nun aber entbrannte um die zweite Mauer ein heldenmüthiger Wettkampf, der seines Gleichen sucht. Vom frühen Morgen bis zum späten Abend wurde gestürmt und zurückgeschlagen, und Nachts standen die Juden mit dem Schwerte in der Hand auf der Mauer, weil sie eine Ueberrumpelung fürchteten, und in gleicher Weise wagten die Römer nicht zu schlafen, weil sie einen Ausfall besorgten; — nachts nicht Schlaf noch Ruhe, am frühen Morgen wieder der blutige Kampf.

Nach 5 Tagen gelang es den Römern, die zweite Mauer zu brechen; allein die, welche in die untere Stadt eindrangen, fanden hier sogleich den Tod. Aus allen Strassen strömten die Kriegsleute in grossen Schaaren herzu und hieben die Feinde nieder; Roms Cohorten wurden mit vielem Verluste zurückgeschlagen. Auch in den nächsten Tagen wurde den Belagerern noch unersetzlicher Schaden zugefügt, denn die Juden hatten 40 Ballisten und 300 Katapulten aufgestellt, bedienten diese Maschinen sehr gut und schleuderten täglich eine Unmasse von grossen Pfeilen und Steinen in das feindliche Lager.

Dessen ungeachtet musste die Stadt fallen, denn der gefährlichste Feind, der unwiderstehlichste Bezwinger hatte bereits seinen Einzug gehalten, der Hunger. Täglich erlagen Alte, Schwache, Kranke, oder Kinder dem Mangel an Nahrung; allmählich war Alles aufgezehrt, was in den öffentlichen Speichern aufbewahrt gewesen, oder was käuflich war. Die Bewohner wurden aufgefordert, alle Lebensmittel an die Kriegsleute auszuliefern, und als das, was man so erlangt hatte, aufgezehrt war, wurden die Häuser nach Mehl und Schlachtvieh durchsucht, und wer noch gut und stark aussah, verfiel dem sicheren Tode, denn man nahm mit Gewissheit an, dass er noch Lebensmittel irgend wo verborgen halte. Es hatte sich überhaupt in Jerusalem der entsetzlichste Terrorismus der Männer des Schwertes entwickelt; die Bürgerschaft wurde als Nichts geachtet, auf sie wurde nicht die geringste Rücksicht genommen, die Krieger hatten nur Einen Gedanken: Die Stadt zu vertheidigen, und was ihnen dazu förderlich schien, wurde rücksichtslos ausgeführt, und was sie behinderte, unerbittlich aus dem Wege geschafft. Und es muss rühmend anerkannt werden: Sie leisteten das Unglaubliche. In der Stadt waren noch nicht ganz 24 Tausend Kriegsleute, die sich aber nicht verstärken konnten, deren Zahl mit jedem Tage abnahm, und die ja unfehlbar — weil eingeschlossen — schon dem Hunger allein erliegen mussten; Titus hatte über 60 Tausend Mann, mit Allem wohl versehen, Zufuhr von allen Seiten, und Verstärkung kam an, so oft er deren bedurfte. Er kannte auch seine Ueberlegenheit, wusste durch Ueberläufer, wie es drinnen in der Stadt aussehe, und dass ein Scheffel Korn schon mehr gelte, als ein Scheffel Gold; er liess sie nochmals zur Uebergabe auffordern und fügte hinzu: „Zwinget mich nicht, eure Stadt zu zerstören! So ihr euch freiwillig und rückhaltlos unterwerfet, gelobe ich euch feierlich, euer Leben zu schonen, eure Vaterstadt zu erhalten und euren Tempel unangetastet zu lassen;" aber er erhielt die denkwürdige stolze Antwort: „Den Tod verachten wir und ziehen ihn der Knechtschaft vor; die Vaterstadt kümmert nicht die, so sich dem Tode geweiht; die ganze Erde ist Jehovah's Tempel, prächtiger als jener von Stein, und die vermögt ihr nicht zu zerstören; die Römer aber wollen wir bekämpfen, so lange noch ein Tropfen Blutes in unseren Adern fliesst."

Und was sie gelobt hatten, das hielten sie treulich.

Schon in den nächsten Tagen zerstörten sie mit kalter Todesverachtung die hauptsächlichsten Belagerungsarbeiten der Römer, und Titus sah ein, dass er gegen diese kühnen und Nichts fürchtenden Helden, die sich selbst dem Tode geweiht, andere Mittel anwenden müsse. Er liess eine Mauer rund um die Stadt aufführen, eine volle geographische Meile lang, und schloss die Widerspenstigen auf diese Art ein, dass er von ihren verwegenen Ausfällen Nichts mehr zu besorgen hatte, und dass sie recht klar vor Augen sähen, hier hätten sie den Hungertod zu erleiden. Aber was half's?! Die Noth in der Stadt erreichte eine fabelhafte Höhe; in dem Vierteljahre von Mitte April bis Mitte Juli wurden 115,880 Leichname von der Mauer herab den Römern in's Lager geworfen, — zum Beerdigen hatte man keine Zeit mehr, starben doch täglich mehr denn 1000 Menschen den Hungertod, — der Trankopfer-Wein und das Oel für den Brandopfer-Altar wurden aus dem Tempel geholt, — geringe Hülfe, — aber die Vertheidiger zagten nicht.

Titus konnte unmöglich mit seinen Legionen vor der Mauer liegen bleiben, bis auch der letzte Jude in Jerusalem verhungert war, das ertrug die römische Waffenehre nicht; er musste wieder zum Angriffe schreiten. An der Burg Antonia wurden Mauersteine ausgebrochen, der Boden wurde unterminirt, die Mauer stürzte ein, aber — dahinter stand eine andere, neue. Titus forderte Freiwillige auf, diese neue Mauer zu ersteigen, und stellte die höchsten Ehrenbezeugungen als Lohn in Aussicht, — — im ganzen römischen Heere meldete sich ein einziger Mann, ein Syrer, der dieses Wagstück unternehmen wollte („und natürlich fand er seinen Tod dabei), — solche Furcht und solchen Schrecken hatten die Juden den stolzen, kriegsgeübten und sieggewohnten Römern eingeflösst!

Aber einige Tage später erstiegen um 3 Uhr in der Nacht mehrere waghalsige Römer die Mauer, da die Wachen oben vor Ermattung eingeschlafen waren, erstachen die Schlafenden, riefen Verstärkung herbei und gewannen so die Burg und mit ihr den Weg in den Tempel. Doch die Besatzung warf sich den Vordringenden entgegen, und am Eingange zu dem Tempel entstand ein grauenhaftes Gemetzel; denn Römer und Juden waren beiderseits von den Nachdringenden in einen festen Knäuel zusammengedrückt und konnten in diesem Gedränge nicht mehr fechten, — nur morden. Und dieser entsetzliche Kampf dauerte ohne Unterbrechung 10 Stunden lang! Um 1 Uhr mittags wurden die Römer in die Burg Antonia zurückgeworfen.

Nach 7 Tagen war diese zerstört, und nun begann die Belagerung und Erstürmung des Tempels. Allein die Tapferkeit der Juden machte jede Anstrengung ihrer Feinde zu Schanden; man musste die Mauer unterminiren, Feuer an die hölzernen Thore legen, Feuer in das Innere schleudern, um sich endlich Sieger nennen zu können. Alles wurde von den Flammen zerstört, und die Vertheidiger fielen alle, alle bis auf den letzten Mann. 6,000 halbverhungerte Männer, Weiber und Kinder aus dem Volke hatten sich in eine Halle des Tempels geflüchtet, — auch sie wurden verbrannt. Titus wollte dem Morden und Brennen Einhalt thun, aber seine Truppen hörten nicht auf ihn;

ihre Wuth kannte keine Gränzen. Die Zerstörung und Einäscherung des Tempels geschah am 10. August.

Jetzt bot der Imperator den Kämpfenden in der Stadt nochmals Gnade an, sie darauf hinweisend, dass ja jetzt jeder Widerstand vergeblich und fruchtlos sei; die Antwort aber lautete: "Wir wollen keine Gnade von einem Römer; wir haben geschworen, dass wir keine Gnade annehmen." Noch an demselben Tage wurde die ganze Unterstadt in Brand gesteckt und Alles, was darin lebte und webte, ohne Barmherzigkeit getödtet; am 11. August wurde mit Errichtung der Belagerungswerke gegen die Oberstadt begonnen, nach dritthalb Wochen war man damit zu Ende, und am 7. September zertrümmerten die Sturmböcke die Mauer; Roms Adler hielten ihren Einzug, — wer auf der Strasse erblickt ward, wurde niedergestossen, alle Häuser wurden angezündet, — — als am 8. September des Jahres 70 die Sonne aufging, beschien sie nur noch die Trümmer Jerusalems, rauchende Schutthaufen, unzählige Leichen. Von Neuem wurde Feuer gelegt an Alles, was noch stand und brennbar war, und als endlich nach vielen Tagen die Flamme auch das letzte Bürgerhaus zerstört hatte, liess Titus den Pflug über die Stätte hingehen, wo ehemals Jerusalem gestanden.

Während des ganzen Krieges sollen 97,000 Juden von den Römern zu Gefangenen gemacht, bei der Eroberung Jerusalems aber 1,100,000 getödtet worden sein; aus dem ganzen Lande war das Volk zum Fest der ungesäuerten Brode nach der Hauptstadt gezogen und wurde da von der Belagerung ereilt und eingeschlossen.

So war der kostbare herodianische Tempel schon nach 80 Jahren wieder zerstört. Im Jahre 118 baute der Kaiser Aelius. Hadrianus an die Stelle, wo das alte Jerusalem gestanden, eine neue Stadt, Aelia Capitolina, die, wenn auch durch Kriegsdrangsale geschädigt, doch in ihren Grundzügen heute noch steht, jetzt wieder Jerusalem genannt wird, bei orientalischen Völkerschaften aber noch den Namen Ilia hat. Es versteht sich von selbst, dass von den historisch merkwürdigen Bauwerken und Denkmälern, welche den Reisenden gezeigt werden, auch kein einziges echt ist; das **Haus des Kaiphas** stammt so wenig aus der Zeit Jesu, als das des **Pilatus** und das des „**ewigen Juden**," von der **via dolorosa** kann so wenig bewiesen werden, dass auf ihr Jesus zum Tode ging, als von der **Grabesgrotte**, dass sie ist, wofür sie ausgegeben wird. Aber noch finden wir die schon vor 2,000 Jahren genannten Schluchten und Thäler, Hügel und Berge; noch ist klar erkennbar, wo er einst sand, der stolze **salomonische Tempel**.

B.
Der Bau.

Als David sein Ende herannahen fühlte, übergab er seinem Sohne Salomon vor allem Volke das Reich und die Herrschaft, salbte ihn und liess ihn zum Könige ausrufen. Bei dieser Gelegenheit überreichte er ihm auch den bis in die kleinste Einzelheit ausgearbeiteten Plan für den grossen Tempel, ermahnte ihn, Alles aufzuwenden, damit das Werk seiner und seines Gottes würdig werde, und forderte die Obersten und den ganzen Stamm Levi auf, dem jungen, noch unerfahrenen Könige wie in allen Dingen so namentlich auch bei dem Tempelbau mit Rath und That beizustehen. Auch fügte er hinzu, es werde der Bau dem Volke nicht eine zu drückende Last werden, denn er habe schon eine sehr grosse Zahl von Steinmetzen und Bauleuten angeworben, viel Bauholz aufgespeichert, Gold sei reichlich vorhanden, Silber im Ueberflusse, und Smaragde und andere Edelsteine habe er die Menge für die Ausschmückung des Baues angesammelt; überdies wolle er von seinen Einkünften noch 100 Zentner Silber und 1,500 Zentner Gold dem Tempelschatze beifügen, er hoffe aber, dass das Volk ebenfalls sein Möglichstes thue und reichlich zu dem Baue beitrage. In Folge dieser Aufforderung steuerten die Obersten, Priester und Leviten reiche Gaben bei, unter Anderem 2,500 Zentner Gold, 5,000 Zentner Silber, 18,000 Zentner Kupfer und 100,000 Zentner Eisen, und wer einen schönen Edelstein hatte, der brachte ihn, den Tempel damit auszuschmücken.

Als nun bald darauf David zu seinen Vätern heimgekehrt war, und Salomo die Regierung angetreten hatte, erschien eine Deputation des Königs **Hiram** von **Tyrus**, den jungen König zu beglückwünschen. Salomo war hoch erfreut, dass der Freund seines verstorbenen Vaters so wohlwollend gegen ihn gesinnt sei, schickte zum Danke auch eine Gesandtschaft nach Tyrus und gab ihr folgenden Brief mit:

Ich will dich nur benachrichtigen, dass sich mein Vater vorgenommen hatte, einen Tempel zu bauen, durch immerwährende Kriege aber daran verhindert wurde, sintemalen er nicht eher befriedigt war, bis er sich alle Feinde unterworfen und zinsbar gemacht hatte. Nun aber lebe ich, Gott sei Dank, in Frieden und will diese Zeit der Ruhe benutzen, dem Herrn ein Haus zu bauen, wie das ausdrücklich der Herr zu meinem Vater gesagt hat.

Darum bitte ich dich, du wollest etliche deiner Arbeiter mit meinen Leuten auf den Libanon schicken, dort Holz zu fällen, denn ihr habt darin doch mehr Geschick, als wir. Was den Lohn für deine Holzfäller betrifft, so hast du ihn nur zu bestimmen, ich werde ihn pünktlich bezahlen.

Der König von Tyrus freute sich über diesen Brief und schrieb sogleich die Antwort an Davids Sohn:

Der König Hiram entbietet dem König Salomo seinen Gruss. Gott ist hoch zu loben, dass er dir als einem so weisen und mit allen Tugenden gezierten Manne das Reich deines Vaters übergeben hat. Ich freue mich herzlich darüber und werde dir zu Allem behülflich sein, was du mir geschrieben hast. Ich will durch meine eigenen Leute eine grosse Zahl der schönsten Cedern und Cypressen fällen, Flösse daraus machen und dir diese auf dem Meere zuführen lassen. Du hast nur zu bestimmen, an welchem Orte deiner Küste die Flösser das Holz landen sollen, dann kannst du es durch deine Leute von dort nach Jerusalem bringen lassen. Hingegen bitte ich dich, uns mit Getreide zu versorgen, da wir dessen sehr benöthigt sind.

Von da an sandte Salomo jährlich 200,000 Scheffel Weizen, 20,000 Scheffel Wein und eben so viel Oel an Hiram; zum Holzfällen aber wählte er 30,000 Mann aus dem Volke, welche er in der Weise eintheilte, dass je 10,000 Mann auf dem Libanon beschäftigt waren, bis sie durch andere 10,000 abgelöst wurden und zwei Monate

Ruhe hatten, worauf sie dann den vierten (siebten, zehnten) Monat wieder an die Arbeit kamen. Das war die Last, welche er dem eigenen Volke auferlegte; aber er liess alle Fremdlinge im Lande aufsuchen und zählen und verurtheilte sie zur Frohnarbeit. Es waren ihrer 153,600; davon mussten 70,000 als Lastträger dienen, Steine und andere Baumaterialien schleppen, 80,000 waren Steinmetzen, und 3,600 wurden die Aufseher, hatten die Arbeit zu überwachen und die Säumigen zu treiben, so dass also auf 42 Mann ein Aufseher kam.

Das Holzfällen leitete **Adoniram**; Salomo brauchte nun aber auch noch einen obersten Baumeister, der das Alles dauerhaft, weise und schön auszuführen verstand, was David beplant hatte, und da sich ein solcher in Judäa nicht fand, schrieb er wieder an seinen Freund, den König von Tyrus, und bat diesen, ihm einen Mann zu senden, der es verstehe, die Steine zu brechen, in Stein und Holz zu bauen, in Gold, Silber, Kupfer und Eisen zu arbeiten, den Tempel zu decoriren mit scharlachfarbenem, rosinrothem und gelbem Seidenstoffe und den ganzen Bau zu leiten. Und der König von Tyrus sandte ihm **Hiram Abif**, den Sohn eines Tyrers, der eine Jüdin geheirathet hatte, einen Mann, der in jeder Hinsicht seiner grossen Aufgabe gewachsen war.

Der Hügel Morija fiel gegen Osten hin ungefähr 600 Fuss tief in das Thal Josaphat ab und zwar so steil, dass er hier unzugänglich war; im Süden stiess er an das Thal Azel, eine enge, felsige und steile Schlucht, an deren Wand Niemand in die Höhe klettern konnte. Im Westen und Norden begränzte ihn die nicht minder steile Chaphnata-Schlucht, auf deren engem Boden der Chaphnata-Bach hinfloss, der sich im Nordosten in das Thal Josaphat und den Bach Kidron stürzte. Nur im Südosten, wo Azel und Josaphat in einander übergingen, war eine einzige Stelle, an welcher der Berg Morija zu ersteigen war; die Schluchten hatten eine Tiefe von ungefähr 60 Fuss.

Da die Oberfläche des Hügels nicht eben war und auch keinen Raum für den grossen Bau bot, so wurden auf allen vier Seiten vom Grunde des Thales und den Schluchten aus kolossale senkrechte Mauern aufgeführt und der Raum zwischen ihnen und dem Hügel mit Schutt und Erde ausgefüllt, dann wurde der Boden geebnet, und so gewann Hiram eine Baufläche von Ost gen West 700 Ellen lang, 600 Ellen breit und rings von senkrecht abfallenden Mauern begränzt. Die Mauersteine hatten eine ausserordentliche Grösse und waren mit geschmolzenem Blei verbunden; nach innen wurden sie noch durch eiserne Klammern zusammengehalten.

Als so der Boden bereitet war, begann der eigentliche Tempelbau, an welchem gegen 200,000 Werkleute ungefähr 7 Jahre lang arbeiteten.

C.
Beschreibung des Tempels.

Der durch eine gewaltige Mauer abgeschlossene Tempelraum bildete ein Rechteck von Ost nach West 1,050, von Nord nach Süd 900 Fuss messend, wobei die jüdische Elle zu 1 1/2 Fuss gerechnet ist. Dieser grosse Tempelhof hatte weder von Osten, also vom Thale Josaphat, noch von Norden und Westen, vom Caphnata-Thale, einen Zugang; aber in der südlichen Mauer, dem Thale Azel zu, waren 4 Thore angebracht; gegen die westliche Ecke hin das Kerkerthor, unter welchem Gefängnisse angelegt waren; eine hohe und breite Treppe führte hier hinab, — in der Mitte der Südseite das Königsthor, von welchem aus eine Brücke über das Thal Azel nach der gegenüber liegenden Königsburg leitete, — weiter gegen Osten das Grundthor und zuletzt, fast ganz an der südöstlichen Ecke das Wasserthor. Durch das Kerkerthor zog das Volk, durch das Königsthor trat nur der König mit seinem Gefolge in den Tempelhof. Die Schlucht Azel stieg gegen Osten bedeutend aufwärts, so dass sie da nicht mehr tief war; man hatte am Grundthor noch einen besonderen schiefen Damm aufgeworfen, so dass die Opferthiere, von Westen herkommend, durch dieses Thor eingeführt werden konnten. Das Wasserthor endlich führte in's Freie, da hier die Mauer des Tempelhofs zugleich Stadtmauer war.

In diesem grossen Hofe von 945,000 Quadratfuss Fläche sah man zwischen den Thoren die Wohngebäude der Tempeldiener, deren es bekanntlich eine sehr grosse Schaar war; die ganze Ostmauer entlang zog sich aber eine

Halle, deren flache Decke auf drei Reihen dicker Säulen ruhte; das war die später so genannte Halle Salomonis.

Dieser Hof hiess der Vorhof der Heiden. Nicht ganz in seiner Mitte, sondern etwas mehr gegen Westen hin erhob sich eine 12 Fuss hohe Felsterrasse, 600 Fuss lang und eben so breit; sie war mit einer Mauer umschlossen, welche nach aussen 50, nach innen 38 Fuss hoch war. In der Mitte jeder Seite war ein Thor angebracht, welches in den inneren Raum, den Vorhof des Volkes, führte. Die Thürflügel waren von Kupfer und vergoldet, die welche den Vorhof der Heiden schlossen, nur versilbert. Zu dem nördlichen Thore, dem Thore des Altars, dem östlichen, dem hohen Thore, dem südlichen, dem Thore der Erstlinge, stieg man auf je 16 Stufen hinauf; nach dem westlichen aber, dem Thore Schallechet, führte ein kleiner, schief ansteigender Damm, auf welchem die Opferthiere eingetrieben wurden. In der nördlichen sowohl wie in der südlichen Mauer waren noch je 2 Nebenthore angebracht, welche jedoch nur zum Gebrauche der Priester und Leviten dienten.

An der östlichen Mauer war innen wieder eine dreifache Säulenhalle erbaut; an der nördlichen und südlichen zogen sich dreistöckige Speisehäuser hin, in welchen die Opfermahlzeiten gehalten wurden; an der westlichen die Vorrathshäuser, welche die Zehnten von Getreide, Oel und Wein und viele Opfer-Geräthschaften bargen; in der südwestlichen und nordwestlichen Ecke waren die Küchenhöfe, in welchen die Leviten für die Priester und das Volk das Opferfleisch kochten.

Vielleicht 100 Fuss von der östlichen Mauer und zwar von deren Mitte entfernt, stand eine niedrige, nur vierthalb Fuss hohe, aber $7^{1}/_{2}$ Fuss dicke kupferne Säule mit ebenfalls kupfernem Rande, auf welche sich die Könige stellten, wenn sie der Opferung zusahen.

Wieder nicht in der Mitte, sondern abermals etwas mehr nach Westen erhebt sich die letzte Terrasse, doch nur 3 Fuss hoch; sie ist auch nur mit einer sehr niedrigen Mauer, nach aussen 4 $^{1}/_{2}$, nach innen 1 $^{1}/_{2}$ Fuss hoch, eingeschlossen, denn das Volk sollte darüber hinein in den **Vorhof der Priester** sehen können. Dieser war 282 Fuss lang und 204 Fuss breit; an seine östliche Seite stiess — noch im Vorhofe des Volkes — eine 200 Fuss lange und und 16 Fuss breite Terrasse, die Bühne der Leviten, welche durch etliche Stufen zu ersteigen war, und auf welcher die Musikchöre und die Sänger der Leviten standen, welche die Opferhandlungen durch ihre Auffführungen verherrlichten. Diese Bühne der Leviten war in der Mitte getheilt, so dass sie hier Raum zu einem Eingange in den Vorhof der Priester liess. Gerade gegenüber, in der Mitte der Westseite, stand ein kleines Thorgebäude, durch welches die Opferthiere hereingebracht wurden.

Trat man nun von Osten her ein, so sah man gerade vor sich die **Priesterbühne**, d. h. zwei dicht nebeneinander stehende Postamente oder ganz kurze Säulen, auf welchen bei den Opferungen die beiden Priester standen, und von wo aus sie durch Posaunenstösse den Leviten das Zeichen zum Beginn der verschiedenen Musikstücke gaben. Rechts, also nach Norden, sah man die **Decke des Sabbaths**, ein Zelt in welchem die Priester, wenn sie ihren siebentägigen Dienst hinter sich hatten, noch den Sabbath hindurch blieben, bis sie dann erst am folgenden Tage nach Hause gingen. Zur Linken, also gegen Süden hin, stand das **eherne Meer**, ein rundes, 15 Fuss breites kupfernes Wasserbecken. Es ruhte in der Mitte auf einer kegelförmigen Marmorsäule und mit seinem Rande auf dem Rücken von 12 kupfernen Stieren, welche, im Kreise stehend, die Köpfe nach aussen gekehrt hatten. Als Fussgestell diente dem Ganzen ein 22 Fuss breites kreisrundes, ganz flaches

Marmorbecken. Zwischen den Stieren waren an dem Wasserbehälter zwölf kurze Abfluss-Röhren angebracht, welche je durch einen Zapfen geschlossen werden konnten. Vom Fussboden bis zum oberen Rande des ehernen Meeres waren 7 １/₂ Fuss.

Hinter der Priesterbühne stand der **Brandopfer-Altar**, welcher mit den zwei Terrassen, auf welchen er sich erhob, eine quadratische Fläche von 30 Fuss Länge und Breite bedeckte. Der Altar selbst, der **Harel**, war ein kupferner Kasten, 18 Fuss lang und eben so breit; die obere Platte, der **Ariel**, hatte in der Mitte einen Eisenrost. Von Osten aus führten etwa 12 Stufen hinauf an den Fuss des Harels. Rechts und links von dieser Treppe standen je 6 Marmortische, 1 １/₂ Fuss hoch, 2 Fuss lang und breit, zum Zerlegen des Opferfleisches; rechts und links von der Altar-Terrasse aber waren je 24 eiserne Ringe am Pflaster des Bodens angebracht, an welche die zu schlachtenden Opferthiere gebunden wurden. Ausserdem stand noch auf der einen Seite ein **silberner Tisch**, auf welchen täglich diejenigen silbernen und goldenen Gefässe gestellt wurden, welche gerade zum Opferdienst nöthig waren; auf der anderen Seite stand der **Fetttisch**, auf welchen die zum Opfer zugerichteten Fleisch- und Fettstücke gelegt wurden.

Im Norden und ebenso im Süden des Priestervorhofes sah man endlich noch ein **Schlachtzelt**, 5 **Schlachtsäulen**, an welche die geschlachteten Opferthiere gehängt wurden, und 5 **Kesselgestelle** oder **Kesselwagen**, d. h. viereckige, 4 １/₂ Fuss hohe und 6 Fuss lange und breite kupferne Wasserkasten, welche unten mit Rädern versehen waren, also weggefahren werden konnten.

Hinter dem Brandopfer-Altare stand nun der **Tempel**, 150 Fuss lang, wovon 105 auf den eigenlichen Tempel, 22 １/₂ auf den Vorbau und ebensoviel auf das den Tempel an drei Seiten umschliessende Nebengebäude kamen. Die Breite des ganzen Gebäudes betrug 90 Fuss; an beiden

Seiten je 22½ für das umfassende Nebengebäude abgezogen, bleiben 45 Fuss Breite des eigentlichen Tempels. Die Höhe betrug 60 Fuss. Der ganze Bau war aus weissem Marmor aufgeführt.

Eine Treppe von 12 Stufen führte zum Eingangsthore. Zu beiden Seiten dieser Treppe standen zwei grosse, freistehende, kupferne Säulen; die links vom Eintretenden hiess **Jakin** (oder Jachin, die in Kraft emporschwellende), die rechts vom Eintretenden **Boas** („die Krafterfüllte"). Das Postament der Säulen ragte 10½ Fuss aus dem Boden, erhob sich also noch 1½ Fuss über die 9 Fuss hohe Terrasse, auf welcher der Tempel stand. Jede Säule war 6 Fuss dick und bis zum Wulste 27 Fuss hoch; dieser mass 1½ Fuss, und auf ihm ruhte der Knauf, eine 6 Fuss hohe siebenblätterige Lilie, aus welcher in der Mitte noch einmal ein kegelförmiger Aufsatz (Pistill?) von 4½ Fuss emporragte. Die Säule war so im Ganzen 49½ Fuss hoch, und die beiden Lilien schienen, von der Ferne angesehen, auf dem Dache der Vorhalle zu ruhen. Die Spitzen der hängenden Lilienblätter waren durch hängende Schnüre Granatäpfel und die tiefsten Punkte dieser Bogen abermals in derselben Weise verbunden.

In der Vorhalle, 30 Fuss breit und 15 Fuss tief, standen rechts und links je 5 kleine silberne Tische, auf welchen die Schlacht- und Opfergeräthe, Beile, Messer u. s. w. niedergelegt waren; sodann war auf der einen Seite noch ein Marmortisch zu sehen, auf welchen die frischgebackenen Schaubrode gelegt wurden, damit sie erkalteten, bevor sie in das Heiligthum getragen wurden, und auf der anderen Seite ein goldener, auf welchen man die alten Schaubrode legte, die von dem Heiligthume herausgebracht wurden. Wände und Decke waren reich vergoldet. Alle Fenster waren aussen sehr enge und vergittert, erweiterten sich aber innen nach allen vier Richtungen.

Im Heiligthume lehnten sich drei Fuss dicke Säulen mit Palmenkapitäl, wie sie so oft in den ägyptischen Tempeln vorkommen, an die nördliche Wand; darauf lag der Architrav und quer über diesem von Säule zu Säule ein drei Fuss dicker Balken von Cedernholz. Auf diesem Balkenlager ruhten nun der Länge nach dicke Ccderndielen, und diese waren schliesslich mit einer Steinlage gedeckt. Die ganze Decke und der Architrav waren mit Goldblech überzogen, dessgleichen die Säulen, die Wände und selbst der Fussboden, so dass das Auge im Heiligthume nur Gold erblickte, wohin es auch sah. Zwischen je zwei Säulen sah man in erhabener Arbeit das Bild eines Cherubs, eine riesige geflügelte Menschengestalt, abwechselnd einmal mit einem Löwen- und Menschen-Gesichte, das andere Mal mit einem Adler- und Stier-Antlitze; und jeder Cherub war von einem länglichen Rahmen erhabener Blumen und Koloquinten (gurkenähnlicher Früchte) eingeschlossen. Ueberdies war das Heiligthum noch mit vielen Edelsteinen geschmückt.

In diesem Raume stand auch vor dem Eingange zum Allerheiligsten der goldene Rauchopfer-Altar; an der nördlichen Wand sah man den goldnen Schaubrod-Tisch, und diesem gegenüber führte ein enger Gang durch die $7\frac{1}{2}$ Fuss dicke Mauer zu einer Wendeltreppe, auf welcher man in die Kammern und Gänge der verschiedenen Stockwerke gelangte. Die Wendeltreppe der Nordseite verband nur die Stockwerke untereinander, gestattete aber keinen Ausgang aus dem Nebengebäude; der einzige Zugang zu diesem war an der Südseite des Tempels.

Die Fenster lagen selbstverständlich höher, als das Nebengebäude; 2 gingen nach Osten, waren also über der Vorhalle; von den übrigen 10 lagen 5 nach Norden und 5 nach Süden zwischen den sechs ersten Säulenpaaren; zwischen den hinteren Säulenpaaren, also über dem Allerheiligsten, waren keine Fenster, und dieses selbst war vollständig dunkel, konnte nur künstlich erleuchtet werden.

Das Allerheiligste schloss die westlichen 30 Fuss des Tempels ab, war ebenfalls 30 Fuss hoch und bildete somit einen vollständigen Würfel. Zwischen dem drittletzten Säulenpaare standen zwei fünfeckige Pfeiler von Cedernholz; an diesen drehten sich die getheilten Flügel der Eingangsthüre von Olivenholz, im Ganzen 10½ Fuss hoch, 9 Fuss breit. Ueber dieser Thüre lag ein Querbalken, darauf standen wieder zwei Säulen mit Palmenkapitäl; — Balken, Säulen und die Breter, welche die Wand bildeten, waren Cedernholz, und Alles war mit Goldblech überzogen. Zwischen den kleinen Palmensäulen waren Verzierungen in farbigen Edelsteinen angebracht, vielleicht ausser Blumen auch der Name Jehova. Vor der innern Seite der Thüre hing noch ein aus Byssus, d. h. feinstem Baumwollenzeug, gewebter rother, mit Edelsteinen besetzter Vorhang.

In dem Allerheiligsten, das selbstverständlich auch an Decke, Boden und Wänden mit Goldblech überzogen war, stand die schon von Moses verfertigte Bundeslade, ein hölzerner Kasten, 2¼ Fuss hoch und breit, 3¾ Fuss lang, mit feinstem Golde bedeckt. Sie ruhte auf einem drei Finger dicken Untersatze von Marmor, dem Stein der Grundlegung, unter welchem sich vielfach gewundene Gänge und geheime Kammern befunden haben sollen, in welchen die Bundeslade zur Zeit feindlicher Invasionen von den Priestern verborgen worden sei. Der Deckel der Lade, der „Versöhndeckel, Gnadenstuhl," war mit einem goldenen Blumenkranze eingefasst und mit zwei goldenen Cherubim geschmückt; an der Längsseite befanden sich starke Ringe, durch welche zwei 15 Fuss lange Stangen von Akazienholz gesteckt waren, mittelst deren die Lade getragen werden konnte. Diese stand in der Mitte des

Allerheiligsten; die Stangen waren aber nach **vorn hervorgezogen**, so dass sie von dem Vorhange bis zur Bundeslade gleichsam einen schmalen Gang bildeten. In dieser lagen die beiden steinernen **Gesetztafeln**, deren jede $1^1/_2$ Fuss lang und breit und $^3/_4$ Fuss dick gewesen sein soll.

Rechts und links von der Bundeslade stand ein 15 Fuss hoher **Cherub** aus Olivenholz, mit Gold überzogen, nach dem Eingange blickend; der eine Flügel eines jeden berührte die Wand, der andere die Flügelspitze des gegenüberstehenden, so dass die ganze Breite des Tempels in dieser Weise ausgefüllt war. Jeder Flügel ist also über 7 Fuss lang gewesen.

Nun befand sich **über** dem Allerheiligsten noch ein Raum, welcher von der Höhe des Tempels übrig blieb und gar keine Bedeutung hatte. Dieser Raum war von dem Heiligen durch ein vergoldetes Gitterwerk geschieden, das durch ebenfalls vergoldete Granatäpfel geschmückt war. Durch dieses Gitterwerk zog der Rauch des in der Nähe stehenden Rauchopfer-Altars, um dann durch eine kleine Oeffnung im Dache aufzusteigen.

Die Nord-, West- und Süd-Seite des Tempels umgab ein dreistöckiges **Nebengebäude** von der Höhe der Vorhalle. In jedem Stockwerke lief ringsum an der Aussenwand ein **Gang**, $7^1/_2$ Fuss breit; und an diesen Gang schlossen sich je 30 nur durch Bretterwände von ihm getrennte kleine **Kammern**, die sich an die eigentliche Tempelmauer anlehnten. Diese Zimmerchen waren im unteren Stockwerke $7^1/_2$, im mittleren 9, im oberen $10^1/_2$ Fuss tief, überall aber je $7^1/_2$ Fuss breit. Die Verschiedenheit der Tiefe hatte darin ihren Grund, dass die Tempelmauer selbst in Absätzen aufgebaut, mit jedem Stockwerke um $1^1/_2$ Fuss dünner war. In gleicher Weisse war auch die Aussenmauer des Nebengebäudes innen glatt und senkrecht, hatte aber nach dem Hofe zu schiefe Absätze oder Stufen.

Der Rundgang, Corridor, jedes Stockwerkes wurde erhellt durch 5 nach Westen und 2 nach Osten gehende Fenster, welche — wie alle übrigen — innen weit und aussen eng und vergittert waren. Die anstossenden Kämmerchen erhielten durch die Thüröffnungen nothdürftiges Licht von diesem Gange aus; doch ist hierbei nicht ausser Acht zu lassen, dass sie ja keine Wohnräume waren, sondern nur zur Aufbewahrung von Opfergeräthen, Amtskleidern des Hohenpriesters, Vorräthen von Weihrauch und Spezereien sowie der Tempelschätze und der heiligen Schriften dienten.

Nach Josephos stiftete aber Salomo in seinen Tempel: 80,000 Weinkannen, 10,000 goldene und 20,000 silberne, Schalen; 80,000 goldene und 160,000 silberne Schüsseln, auf welchen das gemengte Semmelmehl zum Altare gebracht wurde, 60,000 goldene und 120,000 silberne Becher, das Mehl darin mit Oel zu mengen, 20,000 goldene und 40,000 silberne Hin und Assaron, Masse für flüssige und trockene Dinge, 20,000 goldene Rauchfässer, das Rauchwerk zu opfern, 50,000 goldene Rauchfässer, das Feuer von dem grossen Altar im Tempelhofe nach dem kleinen (Rauchopfer-) Altar im Tempel zu bringen, 1,000 mit Edelsteinen besetzte Gewänder für den Hohenpriester, 10,000 Gewänder, aus feinster Baumwolle verfertigt, für die übrigen Priester, dazu 10,000 purpurne Gürtel, 200,000 seidene Röcke für die Musikchöre der Leviten, 40,000 silberne Harfen und Cithern, den Gesang zu begleiten, und 200,000 messingene Posaunen.

Das war in der That ein reicher Tempelschatz und weit Mehr, als in den 180 Kämmerchen untergebracht werden konnte; auch Gebäude der Tempelhöfe waren noch damit angefüllt. Salomo hatte in Wahrheit seinem Gotte ein Haus gebaut, das von keinem uns bekannten an Pracht, Reichthum und Herrlichkeit übertroffen wurde; auf hohem, fast unzugänglichem Berge lag in Mitten verschiedener Höfe der marmorne Tempel, aussen das blendende, feierliche Weiss zeigend, innen strahlend von glänzendem Golde, — einfach, aber prächtig und kostbar. Doch der Krieger wilde Schaaren zogen heran, und die Männer aus Babel zerstörten den erhabenen Bau und führten mit sich an die Ufer des Euphrat Alles, was von Gold, Silber und Kupfer war, und alle Edelsteine.

Jahrtausende sind entschwunden, und wer heute nach Jerusalem kommt, ersteigt auch den Berg Morija und besucht den Harâm esch-Scherif, den ehmaligen Tempelplatz. Oben auf der Fläche erhebt sich eine um 15 Fuss erhöte Plattform, und in deren Mitte steht Omars Moschee, im Jahre 637 in Form eines achteckigen Zeltes erbaut, jede Seite 67 Fuss lang, ein Prachtgebäude, mit Marmor, Mosaik und Gold geschmückt, wie das ganze mohammedanische Asien kein zweites aufweist. Gerade im Mittelpunkte dieses Gotteshauses und unter der Kuppel desselben liegt der heilige Fels el Sakhara, an den sich mannichfache Sagen und Legenden knüpfen, und von welchem die ganze Moschee ihren Namen hat. El Sakhara ist ein natürlicher Kalkfels, der sich etwa 5 Fuss über den mit Marmor parkettirten Boden erhebt, in der einen Richtung circa 60, in der andern etwa 50 Fuss misst, der höchste Punkt des Berges Morija, den Juda's weiser König ebnen und durch Mauerwerk erweitern liess, — hier stand vor dritthalb Tausend Jahren der stolze Tempel Salomo's.

III.

Die Symbole und heiligen Worte der Freimaurer.

Der allmächtige Baumeister aller Welten ist **Gott**.

AKAZIE. — Symbol des niemals ersterbenden, sondern sich immer neu verjüngenden Lebens; daher auch die Sage, das Kreuz Jesu sei von Akazienholz gewesen. — Mit dem bei uns in Deutschland beliebten in Gärten und öffentlichen Anlagen stehenden Akazienbaum, der eigentlich gemeine Robinie heisst (Robinia pseudacacia, falsche Akazie), hat jener Baum nicht einmal die Familie gemein; die Akazie ist eine Sinnpflanze, die Robinie ein Schmetterlingsblüther. Eine Art der Acacia (Schotendorn, Gummibaum), welche in Arabien, Nubien und Oberägypten wächst, die A. Ehrenbergiana, schwitzt das arabische Gummi aus. — Die Akazie der Freimaurer ist die A. Farnesiana, in Asien und Afrika zu Hause, welche uns die einige Zoll langen Bablah-Schoten liefert, die ihrer Gerbsäure wegen hier und da statt der Galläpfel benutzt werden. In Griechenland, Italien und Spanien wird sie ihrer köstlich riechenden gelben Blüthen wegen als Zierbaum gepflegt, zuerst wurde sie i. J. 1611 im Garten der Fürsten Farnese in Rom cultivirt (,daher auch der Name Farnesiana), und ihre gelben, langgestielten Blüthenköpfchen kommen von Westindien aus unter dem Namen Antillen-Kassia als Parfümerie in den Handel. Durch diesen eigenthümlichen Namen ist nun ein Missverständniss hervorgerufen worden; man hat die Akazie mit der Cassia senna, einem afrikanischen Strauche, welcher uns die Sennesblätter liefert, und besonders mit der Persea cassia, dem Kassien-Zimmtbaum, verwechselt, dessen Rinde unser Zimmt ist. So kam es, dass die Meister den jetzt nicht mehr viel gebräuchlichen Namen Kassia erhielten; man hatte Akazie und Cassie für gleichbedeutend gehalten.

BEHAUENER STEIN. — Der moralische Zustand des Freimaurer-Gesellen, der sich von Wahn und Vorurtheil befreit und zu einem nützlichen Gliede in der grossen Wesenkette ausgebildet hat, wird unter dem Symbol des behauenen, glatten Steines dargestellt.

BIBEL. — Sie ist das Symbol der reinsten Moral und der Berührungspunkt des Mosaismus, des Christenthums und des Mohamedanismus, somit fast aller kultivirten Völker, und das Palladium ihrer Bildung. Sie lehrt uns nicht nur die Verehrung Eines Gottes im Geiste und in der Wahrheit, sondern empfiehlt auch allgemeine Menschenliebe als erste Pflicht. Auf dem Altare dient sie als Symbol des reinen Bildungs-Princips aller auf dem Erdenrunde verbundenen Freimaurer.

BOAS. (S. Seite 34).

CENOTAPHIUM. — Das griechische Kenotaphion (von Kenos = leer und Taphos = Grab) bezeichnet ein Ehrengrab, Ehrendenkmal, ein Monument, das man einem verdienten Verstorbenen errichtete, unter welchem aber die Asche des Todten nicht ruhte, daher die Bezeichnung Leergrab. Man errichtete solche Kenotaphien nicht nur Helden, welche in der Schlacht gefallen, und deren Leichnam nicht zu retten war, oder aus der Fremde nicht wiedergekehrten Seefahrern, sondern verdienstvollen Männern, Patrioten, Künstlern, Gelehrten hier, da und dort ausserhalb ihrer Heimath, um ihr Wirken zu ehren und ihren Namen auf die Nachwelt zu bringen. — Die Maurer bezeichnen mit Cenotaphium die feierliche symbolische Beerdigung verdienter heimgegangener Brüder.

EICHENKRANZ, Symbol der Vaterlandsliebe, und

EPHEUKRANZ, Symbol der Freundschaft; Beide liegen bei dem Cenotaphium auf dem Sarge des bildlich zu Bestattenden.

FENSTER. — Die Loge hat drei Fenster, eines gegen Morgen, eines gegen Mittag und eines gegen Abend; aber sie hat kein Fenster gegen Mitternacht, weil die Sonne keine Strahlen von dorther werfen kann.

GERÄTHSCHAFTEN. — Die Geräthschaften der Loge sind Hammer, Bibel und Zirkel.

GERECHT nennt man eine Loge, wenn sie von einer anerkannten Grossloge in vorschriftmässiger Weise eingesetzt und von dieser selbst noch als echte Freimaurer-Loge anerkannt ist.

GESTALT. — Die Gestalt der Loge ist ein längliches Viereck. Die Loge ist lang von Morgen bis Abend, breit von Mittag bis Mitternacht, hoch von der Oberfläche der Erde bis gen Himmel. Damit soll angedeutet werden, dass alle auf dem Erdboden zerstreuten Freimaurer miteinander nur eine einzige Loge ausmachen.

GIBLIM. — Die Giblim, Gibeliter oder Gebaliter sind die Bewohner der phönizischen Stadt G'bal, Gebail, von den Griechen Byblos genannt. G'bal war eine der ältesten Städte Phöniziens, erst Tyrus unterworfen, dann selbstständig, endlich, wie alle dortigen Städte, persisch, macedonisch, syrisch, ägyptisch, römisch, arabisch, zuletzt türkisch. Der heute an der Stelle des alten Byblos stehende Ort heisst Dschebail. — Die Giblim waren berühmt durch ihre Baukunst: ihre Stadt schmückte ein prachtvoller Tempel der Aphrodite. Darum stellte auch Salomo ihrer Tausende bei seinem Tempelbaue an. Am meisten jedoch zeichneten sie sich im Schiffsbau aus und die besten und gesuchtesten Matrosen kamen aus G'bal.

HÄNDEKLATSCHEN. — Das taktmässige Händeklatschen kam schon bei den grossen gemeinsamen Arbeiten der alten Ägypter vor und diente, die Gleichmässigkeit in den Bewegungen der Arbeiter zu fördern und zu erhalten; Händeklatschen gab den Tact an für die Schritte beim Transporte eines Kolosses; für das Anziehen der Arme bei Hebung einer grossen Last u. s. w. und dient heute noch, den Ruderschlag der Nilschiffer zu regeln. Das taktmässige Händeklatschen kam aber auch im Rituale der Feier verschiedener religiöser Feste vor. — Es ist bei den Maurern eine freudige Begrüssung, ein Jubelruf und ertönt jedesmal in der heiligen Dreizahl.

HAMMER. — Der Hammer, das Zeichen der Kraft und Stärke, in der christlichen Symbolik das Sinnbild unermüdlicher Thätigkeit, ist in der Hand des Meisters vom Stuhl das Zeichen der ihm durch das Gesetz verliehenen Macht, und der in bedeutsamer Zahl ertönende Schlag ist Ruf zur Ordnung, ohne welche kein Verein bestehen kann.

In den biblischen Berichten über den salomonischen Tempelbau heisst es, die Steine seien so genau und sorgfältig hergerichtet gewesen, dass man bei der Aufrichtung des Gebäudes keinen Hammer, noch Beil, noch irgend wie Eisenzeug gehört habe; darum sind die Hämmer der Freimaurer von Holz.

Mit einem Hammer soll dem heiligen Reinoldus, dem Schutzpatron der Steinmetzen, der Schädel eingeschlagen worden sein.

HANDSCHUHE. — Die weissen Handschuhe sind eine Mahnung für den Maurer, seine Hände unbefleckt zu erhalten und sie gerne der unterdrückten Unschuld zum Schutze, Wittwen und Waisen zur Unterstützung darzubieten.

HIRAM. (S. Seite 28.) Dass Hiram von drei Gesellen ermordet worden, ist nur eine Sage, aber nicht historisch begründet.

HOCHMITTAG, HOCH AM TAGE, — die Zeit, da die Sonne ihr Licht am Hellsten strahlen lässt, und da die Arbeit am Rüstigsten gefördert werden soll.

HUZZA (Husseh), — ein altschottischer Hochruf, der von manchen Symbolikern mit der arabischen Akaziengöttin Uzza in Verbindung gebracht wird. Uzza bezeichnet im Arabischen auch die Akazie selbst.

JAKIN. (S. Seite 34.)

KALK, — Freiheit.

KANONEN, — die Trinkgläser bei den Brudermahlen.

KASSIA, — siehe Akazie.

KELLE, — Symbol der verbindenden Bruderliebe, da mit Kelle und Mörtel die Steine verbunden werden.

KETTE, — Sinnbild der Eintracht und Bruderliebe sowie der Gesammtheit und Zusammengehörigkeit aller Maurer. In der Kette der Brüderschaft bildet jeder Maurer ein Glied und ist zweifach mit dem Ganzen verbunden und in dasselbe eingefügt.

KIESS, — Eifer.

KLEINODIEN. — Die drei beweglichen Kleinodien sind Winkelmaass, Wasserwage und Senkblei. Das Winkelmaass lehrt uns, alle unsere Handlungen nach den Gesetzen der Gerechtigkeit einzurichten; wie die **Wasserwaage** Alles abgleichet, so dient sie den Maurern zum Sinnbild, dass bei ihnen alle Stände gleich sind; das **Senkblei** lehrt sie, alle ihre Bemühungen auf den einzigen Grund ihres Bundes, die Tugend, als das Fundament der wahren Glückseligkeit zu stützen.

Die **drei unbeweglichen Kleinodien** sind der rauhe Stein, der glatte Stein und das Zeichenbret. Am **rauhen Steine** arbeiten die Lehrlinge, am glatten Steine die Gesellen, auf dem **Reissbrete** zeichnen die Meister.

LATOMIA, — griechisch, Steinmetzenkunst, von laas oder las Stein und temnein — schneiden, wie („Anatomie — Auf-Schneiderei): bezeichnet die Freimaurerei. Die Bauleute des Mittelalters gaben den Steinen die rechte Gestalt, meiselten sie zurecht und setzten sie auch aufeinander, waren Steinmetzen und Maurer zugleich.

LICHTER. — Die **drei grossen Lichter** sind Bibel, Zirkel und Winkelmaass, die **drei kleinen Lichter** sind Sonne, Mond und der Meister vom Stuhl. Die **Sonne** ist das Sinnbild der unsichtbaren Quelle alles geistigen Lebens; der **Mond** ist das Symbol des Göttlichen in uns, das, vom Urquell des Lichtes ausgehend, sich durch die Stimme der Vernunft offenbart, gleichwie der Mond sein Licht von der Sonne erhält und reflectirend weiter verbreitet; der **Meister vom Stuhl** soll das Licht seiner Loge sein, die Brüder erleuchten und ihre Herzen für das Gute erwärmen.

MEISTERTUGENDEN. — Die **fünf** Meistertugenden sind **Redlichkeit, Mässigkeit, Klugheit, Thätigkeit** und **Unerschrockenheit**.

MEISTER VOM STUHL. — Der Meister vom Stuhl soll, die Forderungen der Vernunft und die Sittengesetze zu Rath ziehend, die Risse entwerfen, nach welchen die Freimaurer ihren geistigen Bau vollenden. Er ordnet die Arbeiten an und leitet sie, vereinigt die Kräfte der Einzelnen und führt durch die Gesammtheit aus, was dem Einzelnen unmöglich wäre.

METALL. — Kostbarkeiten, edle Metalle, Gold. Diese Dinge muss der Aufzunehmende von sich legen, bevor er den Weg nach dem Tempel antritt, denn sie sind es, welche den Aufschwung des Geistes hemmen und den Menschen zur Erde niederziehen. Der Maurer achtet die Güter des Glückes nur insoferne, als sie ihm Mittel werden, Wohlthätigkeit auszuüben, Segen zu verbreiten und den Dürftigen mit dem Geschicke zu versöhnen.

MITTERNACHT VOLL. — Der Maurer arbeitet, bis es Mitternacht voll oder Hochmitternacht ist. Wenn andere Menschen ermüdet sind im Ringen nach geistiger Vollkommenheit, soll er noch rüstig an der Arbeit stehen, sich selbst zu veredeln und seine Brüder zu vervollkommnen und zu beglücken. Sein ganzes Leben sei nützlicher und segensbringender Thätigkeit geweiht, bis der Allmächtige Baumeister aller Welten ihm verkündet, dass seines irdischen Lebens Hochmitternachts-Stunde geschlagen hat, und ihn abruft von der Arbeit, auf dass er Rechenschaft gebe von seinem Werke.

MOND. — Wie der Mond die Schatten der Nacht verdrängt, so soll der Maurer still und bescheiden die Nacht des Aberglaubens und der Vorurtheile zerstreuen.

MUSIVISCHER FUSSBODEN, — eben so schön als fest, ist ein Sinnbild der Begründung und der Dauer des grossen Bundes. Wie sich hier Passendes zu einem schönen

Ganzen in einander fügt, so fügen sich verwandte Geister in schöner Ordnung zusammen, gemeinsam ein grosses, erhabenes Ziel zu erreichen.

NIEDERGETRETENER SCHUH bei der Aufnahme erinnert an die Heiligkeit des Ortes, dem der Suchende sich nahet. In den Logen sollen die Pläne des Grossen Baumeisters der Welten befördert, jede Tugend gepflegt und nur gute, menschenfreundliche Thaten ausgeübt werden. Die Maurer fühlen sich in diesem Berufe der Gottheit näher und erinnern durch den zur Sohle abgetretenen Schuh an die Sitte aus dem Jugendalter der Menschheit, da ein kindlicher Sinn die Gottheit in den Tempeln gegenwärtig glaubte und darum Niemand diese mit bedeckten Füssen betreten durfte.

ORDNUNG. — In Ordnung ruft der Vorsitzende die Werkleute beim Beginne jeder Arbeit; denn die Ordnung ist die erste Bedingung zum Gelingen eines gemeinsamen Werkes, und ohne sie werden Fähigkeit und bester Wille des Einzelnen nutzlos verschwendet. Zur rechten Zeit, am rechten Ort und in der rechten Weise muss jede Arbeit gethan werden, wenn sie gelingen soll.

ORIENT, OSTEN, — der Ort, wo der Meister vom Stuhl seinen Platz in Arbeiten der Loge hat, denn er eröffnet und schafft die Arbeit, wie die Sonne den Tag, und soll den Brüdern vorleuchten, dass sie werkthätig alles Gute fördern und das Böse meiden. — Der ewige Osten ist das grosse Jenseits, das uns mehr Licht bringen wird, als das irdische Leben.

PFEILER. — Die drei grossen Pfeiler, auf welchen die Loge ruht, sind Weisheit, Schönheit, Stärke. Die Weisheit dient zum Erfinden, die Schönheit zur Zierde, zum Ausschmücken, die Stärke zum Bauen, zum Aufrichten.

PULVERFÄSSER. — die Weinflaschen bei den Brudermahlen. Der Wein heisst Pulver.

RAUHER STEIN. — Er bezeichnet den Menschen, wie ihn die Natur in die Reihe der Wesen stellt. In dieser Gestalt aber ist er unnütz; erst abgeglättet, von seinen Unebenheiten befreit, fügt er sich in jedes die Pläne des Ewigen Baumeisters befördernde Verhältniss. In diesem Symbol ist die erste Pflicht des Maurer-Lehrlings dargelegt: Selbsterkenntniss und vermittelst dieser thätiges Streben zur Selbstveredlung.

REISSBRET, — siehe Kleinodien.

ROSE. — Die Rose ist das Zeichen der Meisterwürde, der Liebe, der Freude und der Verschwiegenheit. Hellenen und Römer bekränzten sich bei Freudenfesten mit Rosen, die Hallen der Festgelage waren reich mit Rosen geschmückt, und so schmücken sich die Maurer heute noch an ihrem höchsten und freudigsten Fest, am Johannistage, mit Rosen, daher auch der Name Rosenfest. — Wer in die Mysterien des Hellenismus eingeweiht ward, wurde auch, bevor er den Tempel betrat, mit Rosen geschmückt; und da er das ihm im Heiligthum Mitgetheilte unverbrüchlich geheim halten musste, wurde die Rose das Sinnbild der Verschwiegenheit. — Unsere Vorfahren sollen bei fröhlichen Gelagen über den Tisch an die Decke des Saales eine Rose gehängt haben zum Zeichen, dass Alles, was in heiterer Laune bei der Tafel gesprochen werde, nicht hinausgetragen werden dürfe, sondern verschwiegen bleiben müsse. Unter der Rose, sub rosa, theilte man unverhohlen einander die geheimsten Dinge mit, denn man wusste, dass sie nicht weiter verbreitet wurden. — Die Schürzen der Meister sind durch drei Rosen ausgezeichnet.

Drei Rosen aber auch werden dem abgerufenen

Bruder in's Grab geworfen, zwei weisse und eine rothe, — sie verkünden ihm, dass ihn der Brüder Liebe begleitet über das Grab hinaus.

SÄULEN. — Die zwei Säulen sind das Sinnbild der Stärke. Die Maurer sind stark durch vereinigtes gemeinsames Wirken für einen grossen Zweck. Gerechtigkeit und Wohlwollen sind die Grundpfeiler der Humanität, die Säulen, auf welche der Maurerbund sich stützt.

SCHIBOLETH. — Der Stamm Gilead und der Stamm Ephraim führten Krieg miteinander, und die Ephraimiten wurden geschlagen. Da liess der Richter Jephthah durch seine Gileaditen schnell die Furt am Jordan besetzen, und wer nun kam und hinüber wollte, wurde gefragt: „Gehörst du zum Stamme Gilead, oder Ephraim?" Bekannte er sich zum Letzteren, so wurde er niedergehauen, gab er aber vor, ein Gileadite zu sein, so wurde er auf die Probe gestellt. „Sprich Schiboleth!" (d. i. Ähre) hiess es, und wenn ihm das gelang, so war's gut, und man liess ihn ziehen. Die Ephraimiten aber sprachen den Buchstaben Schin wie ein Sin aus, man kannte sie daher sogleich leicht an ihrer Aussprache; entgegnete der Angeredete also: „Siboleth", so war er ein Ephraimite und wurde niedergemetzelt. So sollen 42,000 Flüchtlinge ihren Tod gefunden haben.

Seit jener Zeit bedeutet Schiboleth: Erkennungswort, Losungswort. Es that vor 3000 Jahren denselben Dienst, wie im Jahre 1282 bei der sicilianischen Vesper das Wort ciceri (Tschitscheri, d. i. Erbsen); die Franzosen konnten es nicht aussprechen und sagten: Schischeri, oder Siseri.

SCHRITTE DER LEHRLINGE. — Sie werden nach geraden Linien und in rechten Winkeln gemacht und ermahnen den Lehrling, dass alle seine Schritte ein rechtschaffenes, nach Vernunft und Liebe geregeltes Leben bezeichnen sollen.

SCHRITTE DER MEISTER — gehen nach allen Himmelsgegenden, weil diese ihre erleuchtende und beglückende Thätigkeit nach allen Seiten hin tragen sollen.

SCHÜRZE. — Die weisse Schürze erinnert den Maurer, dass ununterbrochene nützliche Thätigkeit sein Beruf und Reinheit der Sitte sein schönster Schmuck sind.

SCHWERT. — Das Schwert kennzeichnet den Maurer als Streiter; er führt den Kampf des Lichtes gegen die Finsterniss, der Vernunft gegen den Irrwahn. Darum trugen früher alle Brüder bei der Arbeit diese Waffe; heute wird sie nur noch bei besonderen Gelegenheiten von den Beamten geführt. — Das grosse Logenschwert ist Symbol der Würde und der Gerichtsbarkeit; wie der Reichsmarschall das Schwert vor dem deutschen Kaiser hertrug, so wird es in den Logen vor hohen Würdenträgern hergetragen; und wie die Bauhütten der Steinmetzer eine bestimmte Gerichtsbarkeit über ihre Mitglieder ausübten, so die Logen über ihre Jünger; das Schwert aber ist das Zeichen dieser Gewalt.

SENKBLEI, — siehe Kleinodien.

SILICERNIUM. — Das Silicernium war bei den Römern ein Trauermahl, zu welchem sich die Angehörigen und Verwandten eines Verstorbenen versammelten, und bei welchem man auch gerne Speise und Trank an Arme vertheilte. Es wurde gewöhnlich am neunten Tage nach dem Todesfalle begangen; die Männer erschienen dabei wieder ohne Trauerkleidung, und für sie hörte mit diesem Tage die Trauerzeit auf, während die Frauen zehn Monate zu trauern hatten. — Bei reichen

Leuten wurde das Silicernium eine Reihe von Jahren hindurch alljährlich am Todestage wiederholt.

In der späteren Zeit Roms kam es auch vor, dass alte Leute, welche nicht mehr lange zu leben hatten, ihre Freunde zu sich luden und mit ihnen ein Abschiedsmahl hielten; man nannte Die, welche dieses Mahl bereits gehalten, vom Leben und ihren Freunden Abschied genommen hatten, Silicernii. — Endlich bedeutet Silicernium eine harte, wurstähnliche Fleischspeise, die bei den Todtenmahlen genossen wurde.

Die Silicernien der Freimaurer sind ernste Brudermahle, abgehalten nach Trauerlogen; dabei werden nur kalte Speisen genossen, die alle vorher aufgetragen sein müssen, so dass das Serviren wegfällt; die helfenden und dienenden Brüder sitzen mit zu Tische. Der Saal ist in den Farben der Trauer dekorirt und mit Symbolen geschmückt, welche auf Tod, Grab und Wiedersehen hindeuten.

SONNE. — Die Sonne ist die Quelle des irdischen Lebens und alles irdischen Genusses; täglich gibt sie uns eine lebendige Darstellung der Schöpfung, ihre Strahlen schliessen den Schooss der Erde auf. Wir Menschen kommen und gehen; sie steht (für unser Auge) unwandelbar fest in ewigem Glanze. Sie ist auch der Anziehungspunkt und Mittelpunkt in unserem Sonnensysteme, um den sich die Welten drehen in der Entfernung, welche ihnen ihre Beschaffenheit gebietet. Darum ist die Sonne dem Maurer Sinnbild der unsichtbaren Quelle alles geistigen Lebens und höheren Genusses, des allgemeinen Anziehungspunktes für alles Aussersinnliche, alles vom irdischen Leben Losgewundene und sich Loswindende; des einzigen, letzten Zieles für alles höhere Streben, welchem sich die

Geister nach dem Maasse ihrer bereits errungenen Vollkommenheit nähern.

Die Sonne ist das erste kleine Licht.

STEINE. — Beständigkeit.

STERN. — Den fünfstrahligen Stern (das Pentagramm) hatte Pythagoras (geb. 586 vor Chr.) als vielfach verwendeten Schmuck der ägyptischen Tempel an den Ufern des Nil kennen gelernt; er wählte ihn zum Abzeichen seiner Jünger, und so kam er nach Hellas und Italien. Die Griechen schrieben auf die Strahlen des Sternes das Wort Hygicia, die Römer Salus. Hygieia war die Tochter des Asklepios und Göttin der Gesundheit, die römische Salus (Heil) das Sinnbild der Staatswohlfahrt, später der Hygieia gleichgestellt; sie hatte in Rom einen Tempel, und ihr Fest wurde am 5. August gefeiert.

Hellenen und Römer schrieben dem fünfstrahligen Sterne gesund machende und jeden bösen Zauber bannende Kraft zu; von den letzteren kam er an unsere Voreltern, hat sich als Drudenfuss noch bis zum heutigen Tage auf dem Lande erhalten und wird als Schutz gegen Hexen und Hexerei mit Kreide an die Stallthüre gemalt. Von den Pythagoräern haben nun auch die Freimaurer dieses Pentagramm angenommen, gebrauchen es als Verzierung, schmücken es in jedem äusseren Winkel mit einer Flamme und nennen es den flammenden Stern.

STUFEN, SIEBEN. — Die Ersteigung der sieben Stufen deutet auf stufenweises Fortschreiten zum Ziele der Vollkommenheit. Die Siebenzahl bezeichnet den Zusammenhang der mit höherer Geistesentwickelung verwandten Künste (die sieben Töne der Tonleiter) und Wissenschaften (die sieben alten Planeten).

TRIANGEL. — Dient in manchen Logen, zu Anfang und Ende der Arbeit die (symbolische) Zeit anzugeben.

TUBALKAIN. — „Lamech nahm zwei Weiber; eine hiess Ada, die andere Zilla. — Zilla gebar Tubalkain, den Meister in allerlei Erz- und Eisenwerk." 1 Mos. 4, 19. 22. — Tubalkain wird angesehen als der erste Feuerarbeiter und Erfinder eiserner Handwerkzeuge, demnach als Der, welcher den Steinmetzen Spitzhammer und Meisel gegeben, ihnen die Arbeit also erst möglich gemacht hat.

VADEMECUM, — lateinisch, wörtlich: Geh mit mir, bezeichnet ein Taschenbuch, welches die wichtigsten Kenntnisse, Fingerzeige, die nothwendigste Anleitung enthält. Das erste Vademecum war ein Gebetbuch und erschien 1709 in Köln unter dem Titel: Vademecum piorum Christianorum. — Ein Vademecum latomorum (— siehe Latomia—) soll also das Wichtigste enthalten, was einem Freimaurer zu wissen noth ist.

VOLLKOMMEN. — Vollkommen ist eine Loge, wenn sie aus sieben, oder mehr Brüdern besteht. Diese sieben sind der Meister vom Stuhl, zwei Aufseher, zwei Gesellen und zwei Lehrlinge. Mit weniger als sieben Theilnehmern kann keine Loge eröffnet werden; doch verlangt man nicht, dass jedes Mal zwei Gesellen und zwei Lehrlinge dabei seien; drei Meister aber müssen wenigstens anwesend sein.

WASSERWAGE. — Siehe Kleinodien.

WINKELMAASS. — Das Winkelmaass weiset auf Vernunftmässigkeit im Handeln, ist das maurerische Symbol der Vernunft. — Das Gewissen ist das Winkelmaass des Gesellen. — Siehe Kleinodien.

ZACKIGE EINFASSUNG. — Die zackige Einfassung des Teppichs versinnlicht die gemeinschaftliche, den Plan des Meisters umfassende, vom Aeusseren abgeschlossene, jedoch im Innern fest ineinandergreifende Wirksamkeit der Gesellen.

ZIERATHEN. — Die Zierathen der Loge sind das musivische Pflaster, der flammende Stern und die zackige Einfassung.

ZIRKEL. — Der Zirkel deutet auf die schöne Vereinigung aller guten Menschen, auf treues Zusammenhalten im Dienste der Wahrheit, ist das maurerische Symbol allgemeiner Menschenliebe.

Erklärung der Zeichnungen.

a Treppe,
b Säule Jachin,
c Säule Boas,
d Vorhalle,
e Heiliges,
f Allerheiligstes,
g bis g Grosse Gallerie, Umgang,
h bis h Tempelkammern, je 30 in einem Stockwerk,
i, i Wendeltreppen,
k Fenster,
l Leerer Raum über dem Allerheiligsten,
m Rauchopfer-Altar,
n Bundeslade,
o Schaubrod-Tisch,
p Cherubin.

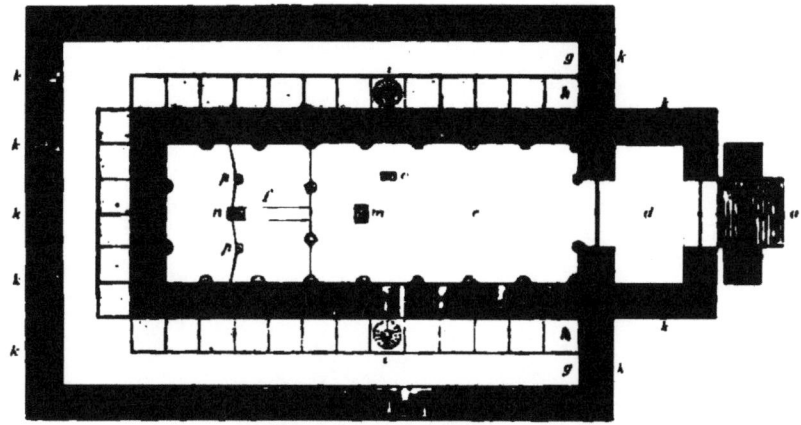

GRUNDRISS DES TEMPELS.

LÄNGSSCHNITT DURCH DIE MITTE.

QUERDURCHSCHNITT IM EINGANG ZUM ALLERHEILIGSTEN.